Edition Schott

Jean Guillou

* 1930

Co-Incidence

Fügung

(2001)

pour Violon
für Violine
for Violin

opus 63

ED 20604
ISMN 979-0-001-15808-4

T0087234

www.schott-music.com

SCHOTT

Mainz · London · Berlin · Madrid · New York · Paris · Prague · Tokyo · Toronto
© 2010 SCHOTT MUSIC GmbH & Co. KG, Mainz · Printed in Germany

dédié à Milan Pala

Co-Incidence
Fügung
opus 63

Corde de Sol accordée au Mi
Seite G auf E gestimmt

Jean Guillou
*1930

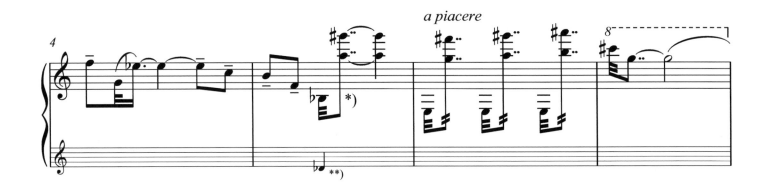

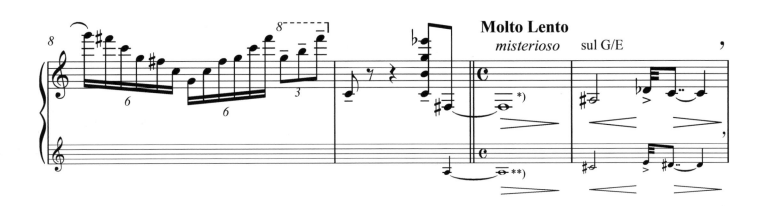

*) musique / Klang
**) notation / Griffnotation

3

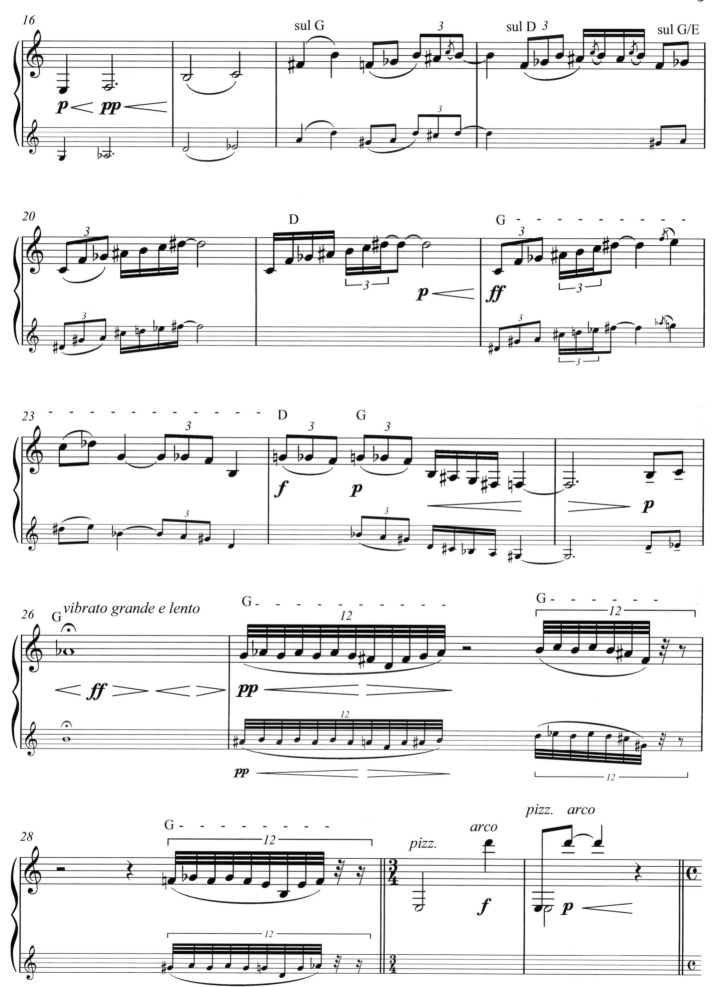

53299

53299

6

Schott Music, Mainz 53 299